KB193578

기도하는 부모,
성공하는 자녀

초판1쇄 발행 | 2009년 5월 20일

지은이 | 김재헌
펴낸이 | 채주희
펴낸곳 | 엘맨출판사

등   록 | 제10-1562호(1985.10.29)
주   소 | 서울특별시 마포구 망원동 379-41
전   화 | 02-323-4060, 322-4477
팩   스 | 02-323-6416, 080-088-7004
메   일 | elman1985@hanmail.net

기   획 | 이종덕   마 케 팅 | 김연범(010.3767.5616)
디자인 | 명상완   마케팅지원 | 정수복 · 이정숙

정   가 | 4,000원
ISBN 978-89-5515-293-7   03230

자녀를 위한 성공기도문

기도하는 부모,
성공하는 자녀

김재헌 지음

엘맨

　자녀를 위한 부모의 기도는 자녀를 성공의 길로 인도한다는 것은 이미 알고 있는 사실입니다. 문제는 알고 있으면서도 자녀를 위한 기도를 하기가 쉽지 않다는 것입니다.

　사무엘은 기도하기를 쉬는 것을 죄라고 할 정도로 기도에 전념했습니다. 그것이 그가 바로 서고 이스라엘을 바로 세우는 힘이었을 것입니다. 우리 자녀가 바로 서고 또 성공하려면 부모의 기도가 필수라는 것입니다.

　성경은 시편 127편 3절에서 "보라 자식들은 여호와의 기업이요 태의 열매는 그의 상급이로다"라고 하여 자녀의 귀중함을 가르쳐 줍니다. 또 잠언 22장 6절에서는 "마땅히 행할 길을 아이에게 가르치라 그리하면 늙어도 그것을 떠나지 아니하리라"라고 하여 자녀를 위한 부모의 책임이 아주 크다는 것을 가르쳐 주십니다.

　그렇기 때문에 우리 부모는 여호와의 기업인 자녀를 위해서 기도해야 합니다.

그래야만 그들이 하나님의 길을 벗어나지 않을뿐더러 하나님의 기업을 무를 자로 성장하는 것입니다. 그러나 날마다 자녀를 위해 기도한다는 것은 쉽지가 않습니다. 어떻게 해야 할지, 어떤 내용으로 해야 할지를 알지 못합니다.

그런 고민 속에서 여기 자녀를 위한 기도책을 만들었습니다. '우리 자녀는 이런 자녀가 되도록 해 주시옵소서' 간절한 부모의 마음을 담아 기도문 한 편 한 편을 정성스럽게 썼습니다. 이 기도문이 우리 자녀를 바른 길로 가게 할 뿐만 아니라 하나님 안에서 성공의 길로 가도록 인도하는 나침반이 될 것입니다.

우리 자녀를 위하여 기도를 쉬는 죄를 범하지 않는 지혜로운 부모들이 되시기를 바랍니다.

2009년 5월

김재헌

3부 성장하는 자녀를 위해

4부 새로운 달을 여는 기도

오 주여!
나로 하여금 보다 훌륭한 부모가 되게 하소서
자비로 사랑하고
자녀들이 하는 말을 끈기 있게 들어주며,
자녀들의 괴로운 문제들을
사랑으로 이해 할 줄 아는 부모가 되게 하소서

지나친 간섭을 삼가고
자녀들과 말다툼을 피하며
모순된 행동으로 자녀를 실망시키지 않게 하소서

부모에게 예의 바른 자녀가 바라는 것 같이
우리도 자녀에게 친절하며 정중하게 하소서

비록 부모라 할지라도
자녀에게 잘못했음을 깨달았을 때는
용감하게 자신의 허물을 고백하며
용서를 구할 수 있는 부모가 되게 하소서

에바게일 반뷰렌
부모를 위한 기도 중

1부
믿음으로 형통하는 자녀를 위해

주 안에 거하는 자녀

내 안에 거하라 나도 너희 안에 거하리라
(요한복음 15:1)

주여!
우리 자녀들이 믿음으로 모여 기도하게 하시며
소망중에 배워 역사하게 하시고 사랑으로 번져
선교하게 하소서.
주여!
우리 자녀들이 순수의 신앙으로 오늘의 역군되
고 순종의 행동으로 내일의 주역되며 순교의 충
성으로 영원의 후사되게 하소서.

주여!

우리 자녀들은 아버지의 이름을 빛내며 삶의 모든 영역에서 아버지의 주권을 인정하고 아버지의 뜻을 실천하는 용기있는 증인들이 되게 하사 우리가 이루지 못한 역사의 전성기를 이루게 하소서.

저들이 언제나 넓은 마음으로 사람들을 용서하게 하시며 우리가 가르치지 못한 진리를 깨닫게 하옵시고, 우리가 넘지 못한 담을 넘게 하사 이 땅을 젖과 꿀이 흐르는 땅으로 만들게 하소서. 예수님의 이름으로 기도드립니다. 아멘

말씀의 열매를 맺는 자녀

좋은 땅에 뿌려졌다는 것은 곧 말씀을 듣고 받아 삼십 배나 육십 배나
백 배의 결실을 하는 자니라
(마가복음 4:20)

능력과 권세로 만사를 주관하고 계시는 하
나님 아버지, 오늘도 먼저 주의 말씀을 듣기를 원
합니다. 제가 주의 말씀을 듣고, 마음에 새기며
그대로 실천에 옮길 수 있는 힘을 주옵소서.
받은 말씀으로 인해 환난이나 핍박이 올지라도
끝까지 인내하며 말씀을 붙잡고 소망 중에 살게
하옵소서.
유혹과 욕심 편에 서지 않게 하시고 언제나 말씀

편에 굳게 서서 승리하게 하옵소서.

좋은 땅에 뿌리웠다는 것은 곧 말씀을 듣고 받아 삼십 배, 육십 배, 백 배의 결실을 하는 자라고 하셨습니다.

빛이신 주님! 저희 자녀들이 말씀에 순종하여 그리스도인으로서의 열매를 맺게 하시고 등경 위에 있는 등불로서 주변을 환하게 밝히는 삶을 살게 하옵소서.

죽은 후에 가는 하나님 나라만이 아니라 바로 지금 이곳에 하나님의 나라를 만들어 갈 수 있도록 도와주옵소서. 예수님의 이름으로 기도 드립니다. 아멘.

권세있는 자녀

그에게 권세와 영광과 나라를 주고
모든 백성과 나라들과 다른 언어를 말하는
모든 자들이 그를 섬기게 하였으니 (다니엘 7:14)

능력과 권세를 지니신 주님,

주께서 저희 자녀들에게도 그러한 권세를 주사 때를 얻든지 못 얻든지 예수를 그리스도와 주로 전파할 수 있게 하옵소서.

"누구든지 제 목숨을 구원코자 하면 잃을 것이요 누구든지 나를 위하여 제 목숨을 잃으면 구원하리라"고 하셨습니다. 사랑하는 OO이의 성품을 강하게 하셔서, 그 아이에게 다가오는 모든 시험과 유혹을 물리칠 수 있도록 도와주소서.

그에게 힘이 필요할 때 주를 의지하게 하시고 주님께서는 우리가 항상 모든 시험과 환란을 당할 때, 피할 길을 주시는 분이라는 것을 깨닫게 하여 주옵소서.

죄와 사망과 사단의 권세 아래 억눌림을 당하고 있는 모든 죄인들을 해방시키러 오신 주님, ○○이가 늘 겸손함으로 하나님 나라와 의를 구하고 그 나라의 주권과 통치를 받아들이려는 갈급한 심령으로 살기를 원하오니 은혜 내려 주옵소서. 예수 그리스도 이름으로 간절히 기도드립니다. 아멘.

영혼을 사랑하는 자녀

내가 주는 물을 마시는 자는 영원히 목마르지 아니하리니
내가 주는 물은 그 속에서 영생하도록 솟아나는 샘물이 되리라
(요한복음 4:14)

잃은 자를 찾으시는 하나님,
주께서 의인을 부르러 오신 것이 아니라 죄인을
부르러 오셨음을 감사드립니다.
사랑하는 ○○이로 하여금 양을 찾되 말씀의 등
불을 켜고 부지런히 죽어가는 영혼을 찾을 수 있
도록 도와주옵소서.
"내가 너희에게 이르노니 이와 같이 죄인 하나
가 회개하면 하늘에서는 회개할 것이 없는 의인

아흔 아홉을 인하여 기뻐하는 것보다 더 하리라"고 하셨습니다. 참 목자이신 주님, 양된 저희 자녀들은 오로지 목자이신 주님만을 의지할 수밖에 없는 존재이옵니다.

생명의 빛이신 주님, OO이가 하나님의 진리를 알고 다가오는 세대를 기다리는 참다운 하나님의 자녀이기를 원합니다.

이 세상일에는 어둡고 하나님의 일에는 밝은 사람이기를 원합니다. OO이가 평생 하나님의 은혜로우신 용서와 사랑을 전하길 원하옵고 예수님의 이름으로 기도드립니다. 아멘.

주께 영광돌리는 자녀

하늘에서 소리가 나서 이르되 내가 이미 영광스럽게 하였고
또다시 영광스럽게 하리라 하시니
(요한복음 12:28)

우주 만물의 주인이신 주님,
세상 만물 모두 주의 영광을 드러내기 위해서 지음 받은 것을 믿습니다. 사랑하는 ○○이도 주께 영광돌리기 위해 지음 받은 피조물입니다.

그 생명을 선물로 받았사오니 하늘나라를 막연히 기다리는 안일한 삶이 아니라 충성스런 삶을 사는 자녀로 자라가게 하소서.

아무리 작은 것이라도 주님이 주신 일에 최선을

다하는 사람이 되게 하옵소서. 하늘과 땅의 모든 권세를 갖고 계신 주님, OO이가 주의 권세를 거역하는 죄를 범치 않기를 원합니다.

하나님의 백성으로 마땅히 갖추어야 할 의와 공평과 믿음을 잃지 않게 하옵소서. 욕심에 빠져 진리에 대하여 어둡게 되거나, 약하게 되지 않도록 지켜 주옵소서.

진리 편에 서지 않는 삶은 고통의 삶이요 방황하는 삶인 것을 늘 명심할 수 있게 하옵소서.

주의 영광을 위해 OO삶이 드려지기를 간절히 바라며 예수님 이름으로 기도합니다. 아멘.

부활을 믿는 자녀

예수께서 이르시되 나는 부활이요 생명이니
나를 믿는 자는 죽어도 살겠고
(요한복음 11:25)

사망 권세를 이기시고 승리하신 주님,
주님의 부활로 죄는 더 이상 저희를 괴롭힐 수
없고 죽음의 공포에 더 이상 떨지 않아도 됩니
다. 사랑하는 ○○이가 죄로 인하여 괴로워할 때
그에게 함께하셔서 죄책감을 해결하여 주시고
평안과 자유를 허락하여 주옵소서.
또한 죽으면 모든 것이 끝나는 세상의 법칙과 달
리 부활의 세계가 있다는 확신을 주셔서 주님을

증거하며 복음을 전파하는 일에 최선을 다하게 하옵소서.

아직 주를 모르는 많은 사람들이 있습니다. ○○이가 그들에게 담대히 부활하신 주님을 증거하길 원합니다. 그의 삶이 부활을 기억하여 거룩하게 하시고 죄를 버리며 성령을 사모하게 하여 주옵소서.

빛의 증거자가 되어 오로지 주의 충만한 데서 은혜와 진리를 넘치도록 받아 새힘을 얻어 살아가게 도와주옵소서.

부활하셔서 함께하시는 예수님 이름으로 기도합니다. 아멘.

영생을 확신하는 자녀

영생은 곧 유일하신 참 하나님과 그가 보내신 자
예수 그리스도를 아는 것이니이다
(요한복음 17:3)

거룩하신 주님,

사랑하는 ○○이를 죽어가는 세상에 두지 아니하시고 하늘나라 백성으로 삼으신 것을 감사드립니다.

○○이가 하나님이 통치하심으로 오는 의와 기쁨과 평강을 깨닫고 누리게 하여 주옵소서. 아들을 믿는 자는 영생이 있다고 말씀하셨습니다.

죄로 인해 죽어야 할 죄인이었지만 하나님의 크

22	기도하는 부모, 성공하는 자녀

신 사랑은 아들을 십자가에서 죽게 하셔서 OO이의 죄를 대속하셨고, 부활케 하심으로 영생을 약속하셨습니다.

OO이로 하여금 이 엄청난 사랑을 믿게 하시고 영생을 받아들이게 하옵소서. 세상을 사는 동안 절대 이 믿음에서 흔들리지 않도록 도우시고 평생 그리스도를 그의 삶에 모셔 들여 그의 삶을 다스리도록 하옵소서.

또한 귀한 일을 위해 OO이를 부르셨사오니 순종케 하시어 주님의 지경이 그를 통해 넓혀지도록 도와주시옵소서.

죽음으로 저희를 살리신 예수님 이름으로 기도합니다. 아멘.

주 안에서
평안을 누리는 자녀

이는 내 멍에는 쉽고 내 짐은 가벼움이라 하시니라
(마태복음 11:30)

빛과 진리이신 주님,

주께서 수고하고 무거운 짐 진 자들아 다 내게로
오라 너희를 쉬게 하리라고 하셨습니다. 사랑하
는 OO이가 이 진리를 깨닫게 하옵소서.

삭개오가 나무에 올라가 만났던 주님을 만나게
하시어 그의 힘들고 고된 삶을 주께 내어드린 것
처럼 우리 OO이도 자신을 포기하고 주님 안에
거하는 비밀을 깨닫고 주님 주시는 은혜와 평강

을 누리게 하옵소서.

모든 것이 주님의 계획 안에 있음을 고백합니다.

인간의 힘이 얼마나 미약한 것인지 ○○이가 깊이 느끼게 하시어 그의 전생애를 주께 의탁하는 믿음의 자녀되게 하여 주옵소서.

주를 찬양하며 주께 영광돌리고 주께 기도하며 주를 의뢰할 수 있도록 인도하여 주옵소서. 그의 짐은 고되나 주의 짐은 가볍고 쉬운 멍에인 줄 알게 하시옵소서.

온유하신 예수님 이름으로 기도합니다. 아멘.

영적으로 성장하는 자녀

주께 합당히 행하여 범사에 기쁘시게 하고
모든 선한 일에 열매를 맺게 하시며 하나님을 아는 것에 자라게 하시고
(골로새서 1:10)

자녀를 길러주시는 하나님 아버지,
하나님께서 주신 자녀 OO이가 하루가 다르게
쑥쑥 자라는 모습을 보며 깊은 감사를 드립니다.
부모가 되고 난 후 깨닫는 성장에 대한 교훈은
정말 귀한 것임을 고백합니다.
제가 아무리 아무리 잘 키우려, 잘 돌보려, 잘 가
르치려 해보지만 주님께서 인도하지 않으시면
그 어느 것도 제 뜻대로 되지 않음을 깨닫습니

다. 주님, 우리 ○○이를 하나님과 깊이 교제하는 사람이 되도록 키워 주시옵소서.

그가 계획하고 노력하고 애써도 하나님과 소통할 수 없는 사람이면 인생의 아무런 의미가 없다는 것을 가슴에 새길 수 있도록 도와주옵소서. 성령께서 날마다 인도하시는 영적 성장의 길에 그가 서게 하시고 하나님을 향하여 자라가게 도와주시옵소서.

헛된 세상의 삶을 떠나 영원하고 깊은 하나님의 삶에 눈 뜨게 하옵소서. 하나님의 지혜와 능력 안에서 크게 자라가길 간절히 원하며 예수님 이름으로 기도합니다. 아멘.

유혹을 이기는 자녀

그러므로 내 사랑하는 형제들아 견고하며 흔들리지 말며
항상 주의 일에 더욱 힘쓰는 자들이 되라
(고린도전서 15:58)

세상의 유혹을 이기신 주님,
사랑하는 OO이의 행하는 모든 일이 세상의 원
리에 의하지 않게 하시고 성령의 인도하심에 의
해 이루어지기를 기도합니다.

진리와 온유와 겸손으로 나타나는 주님의 성품
을 본받게 하시고 인간적인 욕심이 절대 앞서지
않도록 도와주옵소서. 자신의 논리로 설득시키
려고 하는 유혹에 빠지지 않게 하시고 하나님의

자녀로 부름 받았음을 언제나 기억하고 하나님만을 경배하고 의지하게 하옵소서.

주님! 세상에는 하나님을 따르는 것 같은 교묘함으로 우리를 끌어들이는 유혹이 너무도 많습니다. ○○이에게 하나님께서 영적인 분별력을 허락하셔서 인간적이고 세상적인 자랑과 교만에 흔들리지 않도록 지켜주옵소서.

그가 자라면서 더욱 굳은 믿음을 갖게 하시고 바람이 밀려 요동하는 파도 같은 삶을 살지 않도록 도와주옵소서.

십자가로 세상의 왕을 이기신 예수님 이름으로 기도합니다. 아멘.

사명을 가진 자녀

내가 달려갈 길과 주 예수께 받은 사명 곧 하나님의 은혜의 복음을 증언하는
일을 마치려 함에는 나의 생명조차 조금도
귀한 것으로 여기지 아니하노라 (사도행전 20장24절)

하늘과 땅의

모든 권세를 가지신 만왕의 왕이신 주님,
사랑하는 ○○이가 주와 친밀한 관계 속에서 주
님 주시는 사명을 깨닫기를 바랍니다. 날마다 말
씀을 보며 묵상하며 주님께서 그에게 말씀하시
는 것에 귀를 기울이게 하시고 그 명령에 순종할
수 있도록 도와주옵소서.
날마다 사명을 위해 기도하게 하시고 최선을 다

해 준비하게 도와주옵소서.

무엇보다 믿음 흔들리지 않도록 도우시고 죽어 가는 세상을 향해 그냥 보고만 있지 않을 사랑과 어려운 사람을 지나치지 않을 자비와 자기의 가야할 길을 명확히 알 수 있는 지혜와 스스로를 다그치며 나갈 수 있는 냉정함을 허락하여 주옵소서.

주님을 위한 그의 길이 쉽지 않을 것이기에 주님께 간절히 기도하오니 주여, 그를 하나님의 사람으로 성장시켜 주시고 사용하여 주옵소서. 주님의 일이 그를 통해 이루어지기를 바라나이다. 십자가를 지신 예수님 이름으로 기도합니다. 아멘.

하나님의 뜻을 구하는 자녀

나의 하나님이어 내가 주의 뜻 행하기를 즐기오니
주의 법이 나의 심중에 있나이다 하였나이다
(시편 40:8)

살아계신 하나님,
하나님께서 주신 ○○이에게 건강과 지혜와 총
명함을 주셔서 다윗처럼 하나님을 경외하게 하
옵소서.
하나님을 제일 사랑하고, 부모를 사랑하게 하옵
시며 기도의 사람이 되게 하옵소서. 언제나 머리
가 되게 하옵시고, 교회와 세상의 리더가 되어
하나님의 뜻대로 모든 것을 새롭게 하는 사람이

되게 하옵소서.

주고 섬기고 대접하고 사랑할 줄 아는 사람이 되게 하옵시고 이웃들에게 나누어주며 살게 하옵소서.

세상에서 믿음으로 살고, 존경과 신뢰를 얻는 사람이 되게 하옵소서. 또 온유와 오래 참음의 은사를 허락하시어 주변의 많은 사람들이 그들을 통해 구원을 경험케 하옵소서. 인생을 살면서 어려운 일, 풀 수 없는 난제에 봉착했을 때 성급히 대하지 않고 하나님의 뜻을 구할 수 있기를 원합니다.

무엇보다 하나님 말씀에 순종함으로써 모든 일을 지혜롭고 여유 있게 처리할 수 있는 사람이 되게 하옵소서. 하나님의 은혜를 감사드리옵고 예수님의 이름으로 기도드립니다. 아멘.

빛의 사명을 감당하는 자녀

너희가 전에는 어둠이더니 이제는 주 안에서 빛이라
빛의 자녀들처럼 행하라
(에베소서 5:8)

거룩하신 하나님,

사랑하는 OO이가 친구를 위하여 목숨을 아끼지 않는 사랑이 있게 하옵소서. 정직함과 솔직함을 주셔서 부끄러운 삶 살지 않게 하소서.

거짓말하지 않으며 남의 것을 탐내지 않도록 도와주옵소서. 올바른 정신을 가지고 올바른 행동을 할 수 있도록 하옵소서. 죄를 범하지 않도록 하시고 무릎 꿇어 기도할 줄 알게 하옵소서.

약속을 잘 지키며 어디서나 꼭 필요한 존재가 되게 하옵소서. 그의 입에서는 언제나 사랑과 축복의 말이 흐르게 도와주옵소서.

또한 오늘 마주치는 낯선 사람들에게 사랑과 축복을 전하게 하여 주시고 아버지의 복과 선하심과 은혜를 선포하는 귀한 직분을 감당하게 도와주시옵소서. 세상 속에서 살되 세상을 이기며 세상에 물들지 않고 승리하는 자녀로 우뚝 서게 하여 주옵소서.

하나님은 세상의 빛과 소금으로 ○○이를 세우셨습니다. 어디를 가든지 빛의 자녀로 살게 하옵소서. 우리를 구원하여 주신 주 예수 그리스도의 이름으로 기도합니다. 아멘.

말씀대로 사는 자녀

이 말씀은 나의 고난 중의 위로라 주의 말씀이

나를 살리셨기 때문이니이다

(시편 119:50)

말씀으로 저희를 인도하시는 하나님,

자녀는 하나님이 주신 기업이라고 말씀하셨고,

그들이 주님 말씀 안에 걸을 때 평강을 주신다고

약속하셨습니다.

사랑하는 ○○이가 주님께서 원하시는 대로 성장

하고 주님께서 예비하신 길로 가도록 키우고자

원하오니 주께서 인도하여 주시옵소서.

우리 ○○이가 하나님 말씀을 존중하며 말씀을

지키는 것을 부끄러워하거나 두려워하지 않기를 바랍니다. 주님께서 전능하신 하나님이라는 사실을 언제나 마음에 새기고 많은 사람들 앞에서 고백하기를 원합니다.

주님의 말씀이 그의 발에 등이요 그의 길에 빛인 줄 아오니 어떤 경우에라도 말씀에서 떠나지 않게 하시고 주님의 명령을 준행할 수 있도록 도와주시옵소서. 고난 중에 말씀으로 위로하시는 예수님의 이름으로 기도드립니다. 아멘.

죄를 회개하는 자녀

회개하기를 기다리시는 하나님,
멸망에서 구원받을 수 있는 유일한 길은 회개이
며 회개의 유일한 문은 중보자 예수님뿐임을 믿
습니다. 저희로 회개의 열매를 맺는 생활을 할
수 있게 하옵소서.
"너희에게 이르노니 아니라 너희도 만일 회개치
아니하면 다 이와 같이 망하리라"하셨습니다.
긍휼이 풍성하신 주님,

우리 OO이도 죄를 지었을 때 그 자리에서 회개할 수 있도록 도와주시옵소서.

하나님 나라의 백성이 되었사오니 좁은 문으로 들어가기를 더욱 힘쓰기를 원합니다. 또한 제 목숨보다 주님을 사랑할 뿐만 아니라 제 십자가를 지고 주님을 따를 수 있기를 원합니다.

십자가를 질 각오가 없이 안일과 유익만을 추구하는 자가 되지 않게 하여 주옵소서. 사랑하는 OO이가 회개를 통해 그리스도인이라는 복되고 아름다운 이름에 합당한 삶을 살 수 있기를 간구합니다.

우리를 죄에서 구원하신 예수님 이름으로 기도합니다. 아멘.

주의 뜻을 실천하는 자녀

자유롭게 하는 온전한 율법을 들여다보고 있는 자는
듣고 잊어버리는 자가 아니요 실천하는 자녀
(야고보서 1:25)

소망과 사명을 주시는 하나님 아버지,
하나님께서 OO이가 말에 앞서 행동으로 실천하
는 사람이 되도록 인도하여 주옵소서. OO이 속
에 있는 편협한 인간관과 한정된 관념을 깨뜨려
주시옵소서.
또한 하나님의 뜻을 행하고자 하는 뜨거운 열정
을 허락하셔서서 평생 열심히 하나님의 뜻을 행하
며 하나님 일을 이루게 하여 주시옵소서. 절대

악에게 지지 않게 하시고 선으로 악을 이기는 의의 용사가 되게 인도하여 주시옵소서.

주님, OO이가 기도하는 사람이 되도록 성령께서 일깨워 주시고 늘 구제와 병행하게 하여 주시옵소서.

혹 구제 없는 위선이나 기도 없는 구제로 나를 내세우는 교만에 빠질까 두렵사오니 OO이를 다스려 주시옵소서. 주의 지경이 OO이를 통해 넓혀질 수 있기를 간절히 기도합니다. 예수님 이름으로 기도합니다. 아멘.

복음 전하는 자녀

이와 같이 주께서도 복음 전하는 자들이 복음으로 말미암아
살리라 명하셨느니라
(고린도전서 9:14)

세상을 구원하신 주님,
하나님의 나라와 복음을 전파하도록 저희를 세
워주신 주님의 크신 사랑을 감사드립니다. 복음
이 널리 전파되기를 원하시는 하나님의 뜻과 그
일에 기꺼이 참여하려는 저희의 의지가 연합되
기를 원합니다.
사랑하는 ○○이도 전도자로서 분명한 자세를 갖
고 살도록 역사해 주옵소서. 친구에게 선생님에

게 그의 그리스도인으로서의 자랑스러운 삶을 보여주게 하시고 그의 착한 행실을 보고 그들이 하나님께 영광돌리게 도와주옵소서.

세상일로 시간을 버리지 않게 하시고 때를 얻든지 못 얻든지 복음을 전파하는 사람이 되게 하옵소서.

죄인과 깊은 사귐을 갖길 원하시는 주님, 저희가 형식만 지키는 신자가 아니라 성령 충만을 통해서 기쁘고 즐거운 심정으로 충성스러운 전도자의 사명을 다하는 사람들 되게 하여 주옵소서.

예수님의 이름으로 기도드립니다. 아멘.

기도하는 자녀

만왕의 왕 되시는 하나님,
이 죄인의 가정을 구원해 주시기 위해서 높은 위엄의 보좌를 버리시고 스스로 낮아지신 은혜를 베풀어주신 것을 감사드립니다. 우리 가정이 주님을 따른다고 하면서 제 육신의 필요를 채우기 위해 따르는 것이 되지 않기를 원합니다.
겉만 화려하게 꾸미고 외식하면서 열매 맺지 못하는 인생이 아니라 성령의 풍성한 열매를 맺는 저희가 되게 하옵소서.

"그러므로 내가 너희에게 말하노니 무엇이든지 기도하고 구하는 것은 받은 줄로 믿으라 그리하면 너희에게 그대로 되리라"하셨습니다.

교회의 머리가 되신 주님,

사랑하는 ○○이가 주님께 기도하기를 쉬지 않도록 도와주옵소서. 항상 자기를 돌아보고 죄의 모습을 버리게 하시고 그의 기도를 기다리시는 주님을 기억하게 도와주옵소서. 무엇을 하든지 기도가 앞서게 하시고 주님 가라시면 가고 서라시면 멈추는 지혜를 얻게 하여 주옵소서.

우리의 기도에 응답하시는 예수님 이름으로 기도합니다. 아멘.

주님
OO이의 머리가 주님을 아는
지혜로 충만하고
옳고 그름을 잘 분별할 수 있도록 도와주시고
눈으로는 세상의 음란한 것들을 보지 않고
입으로는 더러운 말들은 내쏟지 않고
주님의 향기를 전하게 하시고
귀로는 세상의 악하고 패역한 말들을 가려들으며
가슴으로는 주님의 뜨거운 사랑을 담아
영혼을 사랑할 수 있도록 도와주시고
손으로는 하나님의 복을 전하고
사랑을 나눠주며
발로는 복음을 전하게 하시어
거룩한 자녀가 되게 하여 주옵소서
그의 삶이 주님 은혜의 통로가 되게 하시고
술 취하지 않고 방탕하지 않고
오로지 성령에 충만하게 하옵소서
예수님의 이름으로 기도드립니다
아멘

2부
생활에 형통한 자녀를 위해

새출발하는 자녀

그가 나를 푸른 풀밭에 누이시며 쉴 만한 물 가로 인도하시는도다

(시편 23:2)

진정한 해결자가 되시는 하나님 아버지,
쉽게 절망하고 낙심하는 우리 불신앙을 용서하
여 주옵소서. 주 안에서라야 진정한 해결이 가능
함을 믿습니다.
저희가 아프고 괴롭더라도 주님 앞에 저희 모든
상황과 죄를 내려놓고 주님의 인도하심을 기다
리게 하여 주시옵소서. 시간이 지날수록 마음의
고백이 어려워질 것입니다.

주님, 기도하오니 OO이가 어릴 때부터 주님 앞에 자신의 마음과 행위와 죄를 고백하는 훈련을 하게 하옵소서. 어긋난 관계를 바로 잡지 않고 새롭게 시작하는 것은 불가능한 줄로 압니다.

주님께서도 왜곡된 관계와 상황을 바로잡으시는 줄 압니다. 숨기려 하지 않게 하시고 거룩한 주님 앞에서 정직하게 말하게 하옵소서. 스스로 병든 자임을 인정하오니 의원이신 주께서 고쳐주시고 새롭게 창조하여 주옵소서.

주님 앞에 겸손히 무릎을 꿇고 엎드림으로 주님의 은혜를 받기를 원합니다. 예수님의 이름으로 기도드립니다. 아멘.

가정을 평화롭게 하는 자녀

평안을 주시는 주님,

저희로 하여금 그리스도를 주인으로 모시는 가정을 이루게 하심을 감사드립니다. 세상의 재물보다 주님의 뜻을 소중히 여김으로 바른 삶을 살게 하옵소서.

때로는 인간적인 희망이 없는 절망이 찾아올지라도 주님께 참된 희망을 두고 늘 찬송하는 가정이 되게 하옵소서.

먼저 저 자신부터 영적 무지와 나태 그리고 게으름에 빠지지 않게 하옵소서. 거룩하신 하나님, 저희 자녀들에게도 날마다 자신을 돌아볼 수 있는 시간을 허락하시고 주님의 인도하심에 순종할 수 있도록 도와주시옵소서.

나누고 부수는 것은 하나님의 방법이 아닐 것입니다. 저희 가정이 자녀들로 인하여 더욱 화목하게 하시고 서로 뜨겁게 사랑하게 하옵소서. 주님의 평안이 저희에게 임하여 은혜와 감사 속에서 살게 하옵소서. 매일매일 주님을 예배하며 자녀를 격려하며 사랑을 나누는 삶이 되게 하옵소서. 자녀를 허락하심을 감사드리며 예수 그리스도의 이름으로 기도드립니다. 아멘.

자녀를 주께 맡기는 기도

거룩하시고 은혜로우신 주님,
제 자녀들이 다음과 같기를 기도드립니다.
예수님을 그들의 구주로 영접하고 사랑하게 하시옵소서.
제 자녀들이 하나님께서 그들을 너무 사랑하셔서 그들을 대신하여 아들을 죽게 하셨고, 그 아들을 믿음으로 영원한 생명을 얻게 하셨다는 사실을 깨달아 알게 하시옵소서.

예수님을 그들의 주님으로 모시고 성령으로 충만하게 하시옵소서. 제 자녀들이 예수님을 모든 이름 위에 뛰어나신 분으로 깨닫게 하시고 예수님을 모든 것의 주인으로 고백하게 하시옵소서. 그들이 자기의 명철을 의지하지 않고 온 마음을 다하여 하나님을 의지하며 하나님을 모든 것의 주인으로 인정하게 하시옵소서.

그래서 그들의 행하는 모든 일에 가장 좋은 것으로 인도받게 하시옵소서. 예수님 이름으로 기도합니다. 아멘.

공정하며 친절한 자녀

정직하게 행하며 공의를 실천하며 그의 마음에 진실을 말하며

(시편 15:2)

영광중에 계신 주님,

찬란한 주의 영광을 보게 하심을 감사드립니다.

사랑하는 OO이가 거칠고 험한 세상을 살면서

거짓말이나 다른 죄의 충동이 일어나지 않도록

도와주옵소서.

주님이 그를 사랑하신다는 것을 언제나 깊이 느

끼게 도와주옵소서.

그리스도를 믿는 사람으로서 그의 생활이 공정

하고 정당하며 친절하기를 바랍니다.

최선을 다해 친구를 대하고 그들을 사랑하며 존중하는 사람이 되게 도와주옵소서.

고상한 인격을 갖게 하시고 지혜로우며 현명한 사람이 되게 도와주옵소서.

내적으로 경건하고 외적으로도 믿음과 행위가 일치하는 사람 되게 하옵소서.

예수님의 이름으로 기도드립니다. 아멘.

향기 나는 삶을 사는 자녀

이는 시내 산에서 정한 상번제로서
여호와께 드리는 향기로운 화제며
(민수기 28:6)

하나님의 형상대로 지어주시고
코에 생기를 불어 넣어 주신 하나님 감사합니다.
사랑하는 OO이가 하나님이 주시는 영원한 생명
을 누리며 건강하게 살아가도록 도우시고 하나
님이 허락하신 향기를 맡게 하소서.
우리 OO이가 하늘의 복을 사모하며 향기 나는
삶을 살게 하옵소서.
그를 보는 사람들이 미소를 머금고 그 향기로 인

하여 기쁨을 얻게 하시며 어느 곳에서든지 환영
받는 하나님을 닮은 작품이 되게 하소서.

향기로운 주님, 악한 공기와 기운을 물리치게 도
와주시고 생명의 호흡을 통하여 하나님의 기쁨
이 되게 하옵소서.

예수님의 이름으로 기도드립니다. 아멘.

자녀의 복된 학교생활을 위해

네 모든 자녀는 여호와의 교훈을 받을 것이니
네 자녀에게는 큰 평안이 있을 것이며
(이사야 54:13)

만유의 주인이신 하나님,
사랑하는 OO이가 학교에서 예수님 믿는 사람으로 아름답게 살기를 원합니다.
늘 주님을 기쁘시게 하고자 하는 열망과 능력이 주안에서 커지게 하시고 감사와 겸손을 잃지 않는 생활이 되게 하소서.
친구들과 선생님들에게 섬기는 본을 보이게 하시고 공부를 비롯한 모든 분야에서 탁월한 지혜를 발휘하게 도와주옵소서.

학교에서의 공부를 통해 하나님이 창조하신 세상을 배우게 하시고 많은 사람들에게 사랑을 전하는 은혜를 깨우치게 하옵소서.

친구들과의 관계에서도 우정과 사랑이 넘치게 하시고 불의한 일 앞에서 당당히 하나님의 마음을 전할 수 있는 용기도 갖게 하소서.

십자가에서 세상을 구속하신 예수님 이름으로 기도합니다. 아멘.

고민하는 자녀를 위해

모든 이에게 구원이 되시는 주님,

사랑하는 OO이가 미래를 볼 수 있는 영적 안목을 허락하여 주시옵소서. 주님은 OO이의 그리스도이십니다.

지금도 살아계신 하나님의 아들이십니다. 지금 성령으로 OO이 안에 오셔서 그의 삶을 주관하여 주옵소서.

불안하게 하고 초조하게 하는 생각을 버리게 하

시고 주 안에서 평강을 누리며 미래를 계획하게
도와주옵소서.

인간의 생각이 주님의 인도하심을 막는 줄 압니
다. 주께서 ○○이를 주장하사 확신 안에 거하게
도와주옵소서.

아침마다 주님을 믿고 의지하는 기도를 하게 하
시고 모든 계획 전에 하나님께 지혜를 구하게 하
옵소서. 안개처럼 뿌연 그의 시야를 주님의 은혜
로 선명하게 하여 주옵소서.

고민과 걱정을 모두 주께 맡기고 최선을 다하게
하여 주옵소서. 계획을 이루시는 예수님 이름으
로 기도합니다. 아멘.

자녀의 관계를 위해

친구는 사랑이 끊어지지 아니하고
형제는 위급한 때를 위하여 났느니라
(잠언 17:17)

진실을 말씀하시는 주님,

하나님께서 허락하신 OO이가 가족을 대하고 친구를 사귀고 새로운 세상을 만나 맺는 모든 관계 속에 하나님의 은혜가 있기를 기도합니다.

그가 사람을 대할 때 마음으로 말하게 하시고 허위와 속임은 버리게 하소서.

지혜를 허락하셔서 하나님의 진리로 관계를 이끌게 하시고 세상의 헛된 대화를 하며 시간을 보내지 않도록 도와주시옵소서.

사람들이 그를 볼 때 참되고 옳고 순결하고 사랑스럽고 존경할 만하고 뛰어나게 하소서. 또한 서로 격려하며 하나님을 좇으며 날마다 새로워지며 믿음 안에서 장성하게 하여 주시옵소서.

그를 통해 사람들이 하나님을 깨닫고 믿게 되고 천국의 평강과 은혜를 누릴 수 있도록 인도하여 주옵소서. 죄가 무리 중에 머무르지 않도록 도우시고 하나님의 사랑과 정결한 진리가 흐르게 하소서.

세상을 이기신 주 예수 그리스도의 이름으로 기도드립니다. 아멘.

자녀의 성품을 위해

영원토록 동일하신 주님,

주님 앞에 설 때마다 십자가의 용서와 은혜로 감격하면서도 돌아서면 세상에 깊이 묻혀 살아가고 있음을 고백합니다. 말씀을 보며 찬송을 부르며 자기의 깎여야 할 모습들을 깨닫고 가슴이 아파 눈물 흘려 회개하지만 곧 예전의 모습으로 되돌아가 주님이 가르쳐 주신 성결함과 온유한 모습을 생각조차 않고 살아갑니다.

주님, 이제 주님이 주신 성품을 찾을 수 있도록 도와주시옵소서. 교만하고 자랑하며 참을 줄 모르고 게으른 제 모습이 주님 안에서 겸손하고 오래 참으며 잘 섬기는 것으로 변화되길 바랍니다. 우리 OO이도 그런 성품을 가질 수 있도록 인도하여 주시옵소서.

말을 아끼며 성품이 온유하며 정욕으로 세상의 썩어질 것을 피하며 신성한 주님의 성품에 참여하는 자가 되기를 바랍니다.

주여, 우리 OO이를 도와주시옵소서. 예수님 이름으로 기도합니다. 아멘.

자녀의 건강을 위해

선하고 좋은 것으로
주시기를 즐거워하시는 주님,
사랑하는 자녀 ○○이의 몸을 건강하게 하시며
생각과 마음과 영혼까지도 건강케 하옵소서.
몸을 해치는 습관으로부터 기쁨을 찾지 않게 하
시며 건강을 지킬 수 있는 훈련도 기꺼이 받아들
이게 하셔서 하나님이 주신 몸의 건강을 유지하
게 하옵소서.

우리의 마음을 강하게 하사 모든 나쁜 습관과 행동으로부터 멀어지는 단호한 의지를 주시며, 장래를 위해 사랑하는 이들을 위해 하나님의 영광을 위해 직업이나 기술이나 일을 몸에 지니기 위해 즐거이 공부하게 하시고, 지식을 저축하며 매일 새로운 것으로 보충하여 마음을 풍성하게 하소서.

하나님을 아는 지식도 사모하게 하시며 하나님의 크신 사랑을 마음에 담고 살아가게 하옵소서. 그리하여 하나님의 형상이 우리 안에 회복되게 하옵소서. 예수님의 이름으로 기도드립니다. 아멘.

시험을 앞둔 자녀를 위해

지혜가 제일이니 지혜를 얻으라 내가 얻은
모든 것을 가지고 명철을 얻을지니라
(잠언 4:7)

저희를 떠나지 않으시는 주님,
사랑하는 OO이가 시험을 앞두고 있습니다. 그
동안 열심히 공부하며 준비했으나 마음은 초조
하고 불안할 것입니다. 주께서 함께하셔서 그를
위로하시고 그의 마음을 다독여 주옵소서.
긴장하지 않도록 마음에 평강을 허락하시고 준
비해 온 모든 것 잘 기억해낼 수 있도록 침착함
도 허락하여 주옵소서. 열심히 준비해야만 좋은

열매를 맺는다는 진리를 깨닫게 하시고 또 최선을 다했을 때 얻을 수 있는 큰 기쁨도 누리게 도와주옵소서.

시험을 볼 때마다 하나님을 의뢰하게 하시고 그가 계획하고 준비했지만 이루시는 분은 하나님이라는 것을 잊지 않도록 도와주옵소서. 공부하며 졸리고 힘들어도 잘 참고 인내하며 노력했습니다.

우리 OO이 좋은 점수로 거둘 수 있도록 인도하여 주시고 그렇게 할 수 있었다는 것에 대해 하나님께 감사할 수 있도록 도와주옵소서. 은혜로우신 예수님 이름으로 기도합니다. 아멘.

섬기는 자녀

인자가 온 것은 섬김을 받으려 함이 아니라 도리어 섬기려 하고
자기 목숨을 많은 사람의 대속물로 주려 함이니라
(마태복음 20:28)

섬김의 본을 친히 보여주신 주님,
사랑하는 ○○이가 주님 앞에 설 때 언제나 어린
아이처럼 순수하고 진실한 모습을 갖기를 원합
니다. 어린아이를 뜨겁게 사랑하셨던 주님의 마
음을 읽을 수 있게 하시고 정결하고 순진한 가슴
을 지니게 도와주시옵소서.
"인자의 온 것은 섬김을 받으려 함이 아니라 도
리어 섬기려 하고 자기 목숨을 많은 사람의 대속

물로 주려함이니라"고 하셨습니다. ○○이가 세상을 살아가면서 주님의 섬김을 행할 수 있도록 인도하여 주시옵소서. 그의 삶이 언제나 다른 사람을 향해 있게 도와주시고 학교에서, 가정에서, 교회에서 항상 나보다 남을 낮게 여기고 주님께서 하셨듯 진심으로 섬기게 하여 주옵소서.

그에게 허락된 지식과 지혜와 건강도 남을 섬기는데 사용할 수 있도록 도와주시고 평생 주님의 십자가를 기억하며 예수님의 뜨거운 사랑이 그를 통해 흐르게 도와주시옵소서. 예수님의 이름으로 기도드립니다. 아멘.

겸손한 자녀

거룩하신 주님,

하나님 앞에서는 인생이 아무것도 아님을 겸손
히 고백하게 하소서. 어린아이가 부모에게 전적
으로 의지하듯 하나님을 의지하게 하소서.

하나님 나라를 위해 저희들의 것을 버리고 주를
좇게 하소서. 겉으로만 가장 윤리적이고 종교적
이며 스스로 의로운 체 하는 사람이 되지 않게
하여 주옵소서.

"곧 보게 되어 하나님께 영광을 돌리며 예수를 좇으니 백성이 다 이를 보고 하나님을 찬양하니라"고 하셨습니다.

항상 겸손하며 하나님께만 영광 돌리는 자녀들 되게 하소서. 죄인을 찾아오시는 주님, 사랑의 하나님, 제가 주님께 나아갈 때 달려가는 열심, 적극적인 자세, 세상 것을 버리는 결단을 갖게 하옵소서.

예수님을 사모하는 심정으로 뜨겁게 하옵소서. 그리스도를 만난 뒤에 열매를 맺을 수 있는 사람 되게 하옵소서.

나날이 온전함을 향해 성숙해 가기를 원하옵고 예수 그리스도의 이름으로 기도드립니다. 아멘.

용서할 줄 아는 자녀

너희가 사람의 잘못을 용서하지 아니하면 너희 아버지께서도
너희 잘못을 용서하지 아니하시리라
(마태복음 6:15)

우리 허물과 죄를 담당하신 주님,
예수 그리스도의 고난과 죽으심은 온 인류를 대
신한 죄의 형벌로서 구속의 완성을 의미하는 줄
믿습니다.
저희 자녀들로 하여금 자기 생각을 버리고 주님
을 만나며 진리를 말하고 순수함을 지켜갈 수 있
게 하옵소서. 사랑이 많으신 주님, 자기를 죽이
는 원수의 죄까지 용서해 주시기를 바라시는 주

님의 모습을 저희 자녀들이 따르기 원합니다.

친구의 잘못을 용서하게 하시고 가슴에 담지 않도록 하시며 억울한 일을 당했을지라도 마음에 분을 품고 잠들지 않도록 도와주시옵소서. 주님께서 그 마음을 위로하여 주시고 사랑을 허락하셔서 평안을 누리도록 인도하여 주시옵소서.

저희 자녀들의 삶이 그리스도와 함께 고난을 받을지언정 세상의 죄악과 불의에 빠져 타협하지 않기를 원합니다.

언제나 늠름하고 기상 있게 이 악한 세대를 거스려 어두움을 비추는 빛으로 사명을 다하기를 원하옵고 예수님의 이름으로 기도드립니다. 아멘.

진정한 열정을 가진 자녀

부지런하여 게으르지 말고 열심을 품고 주를 섬기라

(로마서 12:11)

십자가 죽음으로 세상을 구원하신 주님, 사랑하는 ○○이에게 가장 좋은 것들을 아낌없이 주시어, 삶의 기쁨을 충만케 하시길 원하시는 주님, ○○이의 마음이 예수님께 대한 완전한 확신과 기대로 가득하기를 원합니다.

예수님께서는 제가 ○○이를 아는 것보다 더 분명하고 정확하게 ○○이를 알고 계심을 믿습니다. ○○이가 행동과 생각을 감찰하시는 주 앞에서 살아가게 하옵소서.

전능하시고 영원하신 하나님, 저희 자녀들에게
는 모든 것을 제 자신으로부터 생각하고 사고하
고 판단하고 행동하는 교만이 있습니다. 이 자기
중심적인 자기주장의 의지를 꺾어 주시옵소서.

때를 기다리며 오래 참고 준비하여 하나님의 선
한 인도하심을 받기를 원합니다.

결코 혈기와 의심이 아니라 성령의 사로잡힘으
로 살게 하옵소서.

예수님의 이름으로 기도드립니다. 아멘.

대접하는 사랑을 지닌 자녀

남에게 대접을 받고자 하는 대로 너희도 남을 대접하라
(누가복음 6:31)

은혜로우신 주님,

무엇이든지 남에게 대접을 받고자 하는 대로 남을 대접하라고 하신 말씀을 기억합니다. 사랑하는 OO이가 주 안에서 기쁨과 자유를 누리며 사는데 이 귀한 삶을 이웃과 나누게 하옵소서.

먼저 다가가게 하시고 사랑하게 하시고 섬기게 하옵소서. 주께서 그러셨듯 아무런 조건 없이 주님께 받은 사랑을 나누게 하옵소서.

사랑은 베푸는 것인줄 압니다. 이웃을 대접하고 사랑하며 존중하는 삶을 어려서부터 배우게 하옵소서.

이기적이고 물질 만능의 세상이지만 하나님께서 주신 은혜로 충만하여져서 이웃을 먼저 생각하는 사랑의 사도가 되게 하옵소서. 인내와 신뢰로 하나님의 사랑을 이웃에게 전하게 하시고 그들의 마음이 열리도록 늘 기도하게 하옵소서.

사랑이 많으신 예수님의 이름으로 기도합니다. 아멘.

지혜로운 자녀

사랑하는 주님,

주께서 그 지혜와 그 키가 자라며 하나님과 사람에게 더 사랑스러워 가셨던 것처럼 저희 아이들도 그렇게 성장하길 원합니다.

제가 그들을 지혜로운 성인들로, 일생 동안 올바른 선택을 할 수 있는 사람으로 양육할 수 있도록 도우소서.

무엇보다도 여호와를 경외함이 지혜의 근본임을

그들에게 알려 주소서. "이 세상 지혜는 하나님께 미련한 것"임을 아이들이 일찍부터 깨달을 수 있게 하소서.

오직 성령과 말씀의 진리만이 위로부터 온 지혜임을 고백합니다. 그 지혜만이 제 아이들의 마음을 새롭게 할 수 있습니다. 아이들에게 순수, 동정, 겸손, 자비, 공정함, 그리고 신실함 같은 생명의 보화들을 주소서. 이와 같은 인격적인 힘이 그들의 길에 빛이 되게 하시고, 머리에 쓰는 화환이 되게 하소서.

주님을 개인적으로 아는 것이 인간의 지식 중에서 가장 뛰어나다는 것을 아이들이 언제나 기억할 수 있도록 인도하소서.

예수님의 이름으로 기도합니다. 아멘.

하나님 아버지
우리가 자녀를 위해 기도합니다

세상적인 공허한 기쁨으로부터 지켜주시고
불신적인 슬픔의 상처에서 지켜주소서

거룩하신 아버지시여
우리의 자녀를 구해주소서

인생의 괴로운 물결 속에서 저들을 인도하시고
인생의 힘겨운 싸움에서 저들을 격려하시며
하나님 아버지께서 저들과 함께해 주소서

우리의 소원을 읽으시고
우리 자녀를 위한 말없는 탄원을 들어주소서

에이미 카마이클

3부
성장하는 자녀를 위해

일꾼이 되는 자녀

인생의 왕으로 찾아오신 주님,
겸손과 평화의 주님을 찬양합니다. 거룩하시고
사랑 많으신 주님 앞에 거짓 없는 겸손한 모습으
로 섰습니다. 주님께서 저희 마음에 들어오셔서
세상의 생각들을 물리쳐 주시고 저희의 삶을 주
께서 주관하여 주시옵소서.
사랑하는 OO이도 역시 주님 앞에 설 때 언제나
겸손하고 정직하게 하시고 주님을 마음에 모셔

서 그의 삶을 주관하시도록 그의 자리를 내어놓게 하소서. 살아가면서 가장 중요한 것은 주님과의 소통이라고 깨닫게 되었습니다.

○○이가 주님을 바라보며 말씀을 마음에 새기며 언제나 주님의 뜻이 무엇인지 생각하게 하시고 주님이 쓰시는 큰 일꾼이 될 수 있도록 도와주시옵소서. 이 세상에서 빛과 소금이 되어 주님을 증거하며 많은 사람에게 소망을 전하는 주님의 사람이 되게 하여 주시옵소서.

항상 주 안에 거하게 하소서. 주께서 인도하소서. 그의 삶이 주 안에 있어서 기쁨과 자유를 누리게 하여 주옵소서. 예수님 이름으로 기도합니다. 아멘.

세상을 사랑하는 자녀

사랑하는 자들아 우리가 서로 사랑하자 사랑은 하나님께 속한 것이니

(요한1서 4:7)

아들을 죽음에 내어주기까지
인류를 사랑하신 하나님,
죄인들의 기도를 들어주심을 감사드립니다. 사
랑하는 ○○이에게 항상 기도하고 낙심치 않는
믿음을 주옵소서. 끊임없이 인내심을 갖고 기도
드릴 수 있게 하옵소서.
하나님 앞에 두렵고 떨림과 통회하는 심정으로
기도하는 사람이 되게 하옵소서.

살아 계신 하나님께서 크신 능력으로 저희를 지키시고 계심을 감사드립니다. 저희가 참 믿음을 가진다면 말할 수 없는 큰 능력이 나타날 수 있을 것을 믿습니다.

OO이가 겨자씨 만한 믿음일지라도 바른 믿음을 가질 수 있게 하옵소서. 그 능력으로 주께 봉사하되 대가를 기대하지 않게 하시고 개인의 몫을 주장하는 어리석음을 범치 않게 하옵소서. 정결케 하시는 주님, OO이를 진리의 말씀으로 정결케 하옵소서.

십자가를 기꺼이 지고자 하는 믿음을 주옵소서. 마지막 때 주님의 사랑을 실천하는 사람이 되길 바라오며 예수님의 이름으로 기도드립니다.

아멘.

숨은 선행을 베푸는 자녀

은혜의 주님,

구속의 은총과 영원한 하나님의 나라의 소망과 기쁨을 주신 아버지 하나님께 영광과 찬양을 돌립니다. 주님께서 주신 사랑하는 OO이가 항상 믿음을 통하여 하나님을 경배하고 찬양하는 일에 최선을 다하며 그의 삶이 경건하게 유지되도록 지켜주시옵소서.

세상적인 이익을 위해서 예수 그리스도를 따르

다가 사탄의 유혹에 넘어가는 어리석은 자가 되지 않게 하옵소서. 숨은 봉사자를 귀히 여기시는 주님, OO이로 하여금 주의 일을 하다가 그 일이 정말 어려울 때 제 욕심을 따라 행동하는 가룟 유다같이 되지 않게 은혜를 베풀어 주옵소서.

주님의 말씀대로 행함으로 인간적인 예상과 기대를 초월한 여러 가지 일들이 구속의 은총 속에서 기쁘게 성취되는 것을 맛보게 하옵소서.

세상이 알아주지 않아도 주님을 본받아 겸손한 신앙생활을 하길 원하옵고 예수님의 이름으로 기도드립니다. 아멘.

세상의 리더가 될 자녀

이스라엘 자손이 여호와께서 모세에게 명령하신 대로
여호수아의 말을 순종하였더라
(신명기 34:9)

생수의 근원이 되시는 주님,

주께서는 언제나 세상의 앞에 계셨습니다. 그리
고 피하지 않으셨습니다. 죄도 유혹도 죽음도 모
두 피해가지 않으시고 오직 사랑을 품고 그 앞에
정면으로 걸어가셨습니다.

사랑하는 OO이가 그리스도인으로 세상을 살면
서 거짓과 죄의 그림자에 숨지 않도록 도와주옵
소서.

언제나 주님을 향해 정직하게 세상을 살게 인도
하여 주옵소서. 사랑으로 세상을 품게 도우시고
희생으로 주님의 뜻을 전하게 하여 주옵소서.
세상을 이끄는 사람이 되게 하시고 세상에 믿음
을 전하는 사람이 되게 하여 주옵소서.
교회에서도 먼저 헌신하게 하시고 많이 봉사하
게 하옵소서. 이 세상의 리더가 되게 하여 주옵
소서.
예수님 이름으로 기도합니다. 아멘.

진리를 사모하는 자녀

형제들이 와서 내게 있는 진리를 증언하되 네가 진리 안에서 행한다 하니
내가 심히 기뻐하노라
(요한3서 1:3)

때를 따라 일하시는 주님,
OO이가 하나님의 때를 잘 깨닫게 도와주옵소서. 하나님의 진리가 OO이의 조급함으로 인해 가려지지 않기를 원합니다.

가장 좋은 때 가장 좋은 것으로 준비해 놓은 줄 믿게 하시고 그에게 인내를 배우게 하옵소서. 해결해야겠다는 마음보다 주님의 진리가 이루어지기를 바라는 마음이 우선되게 하옵소서.

빛과 진리 되신 주님, 진리를 알기 위해 OO이가 주를 더욱 의지하게 하옵소서.

목마른 사슴이 시냇물을 찾듯 주의 진리를 사모하게 하시고 주의 진리로 그를 채워 주소서. 주께서는 세상에 복되며 기쁜 소식을 주었으니 지금도 이 복음으로 OO이를 충만케 하옵소서.

믿음과 성령의 사람으로 이 불의한 세대를 이기며 살아가게 하옵소서. 진리를 선포하시는 예수 그리스도의 이름으로 기도드립니다. 아멘.

희생하는 자녀

어떤 사마리아 사람은 여행하는 중 거기 이르러 그를 보고 불쌍히 여겨

(누가복음 10:33)

존귀와 영광을 받으시기를 합당하신 주님,
십자가의 죽음은 사랑 때문이었음을 압니다. 사
랑하는 ○○이가 주님의 사랑을 깨닫게 도와주옵
소서. 오로지 사랑했기에 죽음을 택한 주님의 마
음을 알게 하여 주옵소서.
주님은 죽으심으로 온 인류의 죄를 대속하셨습
니다. 희생하는 것이 손해가 아니고 위대한 사랑
의 표현임을 깨닫게 도와주옵소서.

또한 희생으로 인해 주님의 향기가 두루 퍼지고 아버지의 영광이 널리 전파된다는 것도 알게 하옵소서. 한 알의 밀이 땅에 떨어져 죽지 아니하면 한 알 그대로 있고 죽으면 많은 열매를 맺는다고 하셨습니다.

사랑하는 OO이가 이 말씀을 항상 깊이 새기고 온유하고 겸손하신 주님의 삶을 따르게 하여 주옵소서. 희생해야 사랑이 증거됨을 깨닫게 하시고 희생으로 순종할 수 있도록 도와주옵소서.

사랑이 많으신 예수님 이름으로 기도합니다.

아멘.

자녀의 정결한 삶을 위해

마음의 정결을 사모하는 자의 입술에는 덕이 있으므로
임금이 그의 친구가 되느니라
(잠언 22:11)

죄를 미워하시는 주님,

주님의 말씀을 OO이가 마음에 새겨서 죄를 미워하고 주의 거룩함을 사랑하게 하시옵소서. 하나님을 경외하는 거룩함이 OO이의 삶에 흐르게 하옵소서.

그의 마음에 정결함을 창조하옵소서. 선한 일에는 지혜롭고 악한 일에는 순결하게 하옵소서.

그의 삶이 주님 앞에 산 제물로 드려지기를 기도

합니다. OO이가 주님의 반석 위에 굳건히 세워지고 하나님의 은혜 가운데 성령의 임재를 느끼면서 주님을 닮아가게 하옵소서.

주님의 지혜와 은총과 진리와 사랑과 생명과 믿음과 힘으로 자라가게 하옵소서. OO이가 자신의 몸이 성령의 전임을 알고 몸을 순결하게 함으로써 주님을 섬기게 하옵소서.

그를 살리기 위해서 주께서 어떻게 하셨는지 늘 기억하게 하시옵소서. 거룩하신 예수님 이름으로 기도합니다. 아멘.

진실한 자녀를 위해

마음의 진실을 원하시는 주님,
사랑하는 OO이가 세상의 죄악과 거짓에 빠지지
않게 하시고 늘 진실하게 하옵소서. 세상에서 인
정받으려는 허영에 가까이 가지 않게 도우시사
성령을 속이는 죄를 범하지 않도록 인도하여 주
옵소서.
또한 주님께서 세상과 타협하지 않으시고 그 순
결하심을 지키신 것처럼 우리 OO이가 순결하게

도와주옵소서.

물질에 물들지 않게 하시고 하나님의 사랑을 먼저 생각하게 하시옵소서. 박해와 핍박 속에서도 복음을 전파하게 하신 주님, ○○이가 위협과 어려움이 있더라도 그의 진실을 버리지 않게 하시고 더욱 주님을 기대하고 바라며 사모하게 도와주옵소서. 죄와 죽음을 이기신 주님을 기억하고 믿음대로 행동하게 도와주옵소서.

세상을 이기신 예수님 이름으로 기도합니다.

아멘.

자녀의 재능을 위해

착하고 충성된 종아 네가 적은 일에 충성하였으매
내가 많은 것을 네게 맡기리니 내 주인의 즐거움에 참여할지어다
(마태복음 25:21)

특별한 계획을 갖고 계신 주님,
주님께서 우리 OO에게 주신 소질과 재능을 인
하여 감사드립니다. OO이는 그 소질과 재능으
로 하나님께 영광 돌리는 삶을 살아갈텐데 하나
님께서 인도하셔서 항상 감사를 잊지 않고 게으
르지 않고 최선을 다해 하나님 주신 재능을 개발
할 수 있도록 도와주시옵소서.
그리고 저에게도 OO의 재능을 발견할 수 있는

눈과 마음을 주셔서 제 욕심을 버리고 하나님께서 허락하신 그의 인생을 잘 살필 수 있도록 도와주시옵소서.

OO에게 필요한 것이 무엇인지 늘 기도하며 준비하게 하시고 부모로서 최선을 다해 그에게 하나님께서 알려주신 인생을 가르칠 수 있도록 인도하여 주시옵소서.

가장 귀하고 풍성한 열매를 오직 하나님을 위해 맺게 도우시고 오로지 하나님을 향해서만 경배할 수 있도록 도와주시옵소서.

언제나 그의 인생을 하나님의 길 위에서 행하도록 인도하실 것을 믿고 예수님의 이름으로 기도합니다. 아멘.

자녀의 꿈을 위해

내게 복에 복을 더 하사나의 지경을 넓히시고 주의 손으로 나를 도우사
나로 환난을 벗어나 근심이 없게 하옵소서 하였더니
하나님이 그 구하는 것을 허락하셨더라
(역대상 4:10)

거룩하신 뜻을 이 땅에 세우신 하나님,
세상을 살면서 참 많은 회한이 있습니다. 그토록
큰 하나님의 은혜를 입고도 세상살이에 바빠 하
나님을 바라며 그 나라와 의를 구하지 못한 것이
그 중에서 가장 마음을 괴롭힙니다.

하나님, OO에게는 이런 후회가 남지 않도록 도
와주옵소서. 하나님을 향한 큰 꿈을 먼저 세우게
하소서. 예수 그리스도의 피가 우리 아이의 가슴

에 흐르게 하셔서 죽어가는 세상을 바라보며 하나님의 지경을 넓혀가는 큰 꿈을 품게 하소서.

실패하여 세상과 타협하지 않도록 은혜로 돌보시고 끝까지 정직함과 열정으로 노력하게 하소서. 혹시 좌절할 때에는 하나님, 새 길을 보여 주시고 다시 한 걸음 내디딜 수 있는 힘을 허락하소서.

소망을 놓치지 않게 도우시고 숱한 믿음의 선진들의 삶을 되새기고 되새겨 하나님 안에서 승리하는 법을 가르쳐 주소서.

약속을 이루시는 예수님 이름으로 기도합니다. 아멘.

자녀의 자신감을 위해

상한 갈대를 꺾지 않으시는 주님,
그 은혜 안에서 저희가 자유함과 평강을 누리며
살아감을 감사드립니다. 우리 OO이도 하나님의
사랑을 넘치도록 받고 있음을 깨닫기를 바랍니
다.
특별히 남 앞에 설 때 주님께서 지켜주시고 격려
해 주심 속에서 당당하게 마음속의 생각을 펼칠
수 있도록 도와주시고 그가 계획하고 있는 일들

과 꿈들이 큰 장애물을 만날지라도 주님께서 주
시는 선한 일에 대한 확신으로 뚫고 나아갈 수
있도록 인도하여 주시옵소서.

때로 그의 생각과 말이 외면당하고 무시될지라
도 주님이 주시는 위로와 사랑을 힘입어 더욱 노
력해서 다시 일어설 수 있도록 도우시고 그의 마
음이 늘 깊은 바다같은 평안을 유지할 수 있도록
하여 주시옵소서.

매일 사랑받고 있다는 자신감 속에서 자라나게
하옵시고, 다른 사람에게도 어렵지 않게 사랑을
표현할 줄 아는 능력을 ○○ 속에 부어 주시옵소
서. 은혜가 풍성하신 예수님 이름으로 기도합니
다. 아멘.

자녀의 마음을 위해

만물보다 거짓되고 심히 부패한 것은 마음이라
누가 능히 이를 알리요마는
(예레미야 17:9)

자비하신 주님,
십자가의 죽음은 인류를 위한 주님의 사랑이며
마음이었습니다. 주님은 언제나 저희를 진심으
로 대하셨고 전부를 내놓으셨습니다.
그 마음과 사랑을 찬양하며 사모합니다. 주님,
○○이도 주님과 같기를 간절히 기도합니다.
사랑으로 마음을 채우고 진심을 마음에 담게 하
소서.

온 마음에 주님을 담게 하시고 진리 안에서 사랑을 전하게 하소서. 하나님께 회개하며 새로운 삶을 다짐할 때에도 함께 꿈을 좇는 친구와 앞날을 약속할 때에도 힘든 삶 앞에 좌절한 사람에게 한마디 격려를 건넬 때에도 그의 마음이 진실이게 하옵소서.

주님이 우리에게 허락하신 그 긍휼과 자비의 마음을 품게 하옵소서. 예수님과 같이 겸손하며, 인자함으로 연약한 영혼들을 돌보고자 하는 마음을 주옵소서.

언제나 우리를 사랑하시는 예수님 이름으로 기도합니다. 아멘.

두려워하는 자녀를 위해

너는 여호와를 바랄찌어다 강하고 담대하며 여호와를 바랄찌어다
(시편 27:14)

구원을 베푸시는 능력의 주님,
책임이 무거워질수록 두려움이 커집니다. 덮쳐
오는 파도를 바라보고 물속으로 빠져버린 베드
로 같은 마음이 믿음을 앞서기 때문일 것입니다.
하나님, 주께서 언제나 함께 하시며 결코 혼자
버려두지 않으신다는 굳은 믿음을 갖게 하소서.
사랑하는 ○○이에게도 이런 큰 믿음을 허락하셔
서 삶의 여러 일들 앞에서 두려움을 벗어날 수

있도록 도와주옵소서. 혹시 그가 세워놓은 계획이 뜻대로 이루어지지 않아도 조급해하거나 초조해하지 않도록 도우시고 언제나 주님이 함께 계시며 잘 하고 있다는 자신감과 당당함이 배어 나올 수 있게 하여 주옵소서.

불꽃같은 눈으로 저희를 지켜보시는 주님, 오직 저희가 두려워할 것은 죄와 악한 마음인줄 압니다. 저희 앞에서 죄를 제하여 주시고 정결함으로 날마다 새롭게 태어나게 하여 주시옵소서.

죽음을 이기신 예수님 이름으로 기도합니다.

아멘.

풍성한 열매를 맺는 자녀

빛의 열매는 모든 착함과 의로움과 진실함에 있느니라
(에베소서 5:9)

은혜가 풍성하신 하나님 아버지,
사랑하는 OO이의 연약한 믿음을 용서해 주시고
부정적인 말과 고개 숙인 생각을 몰아내 주시옵
소서. OO이가 주위 사람들을 향해 복과 치유를
선포할 수 있도록 그 마음을 새롭게 하시고 힘을
주시옵소서.
매일 아버지의 능력을 일깨워 주시고, 그 은혜
안에서 그의 말이 복된 열매를 맺게 해 주시옵소

서. 악을 오히려 선으로 바꿔 주시옵소서. 주님, 세상에서의 모든 싸움을 전부 주님의 손에 맡길 수 있도록 OO이에게 지혜를 허락하여 주옵소서.

하나님께서 언제나 OO이를 불꽃같은 눈으로 지켜보고 계심을 깨닫게 해 주옵소서. 어떤 상황에서나 하나님의 사랑을 비추는 거울이 되게 하소서. 주님께 영광이 되는 선택을 하기 원합니다. 정직한 삶으로 주님께 영광을 돌리는 사람이 되게 도와주옵소서. 세상과 타협하거나 쉬운 길로 가지 않도록 도와주옵소서.

주님을 기쁘시게 하는 OO이가 되기를 간절히 원하며 예수님 이름으로 기도드립니다. 아멘.

속사람의 성장을 위해

갓난 아이들 같이 순전하고 신령한 젖을 사모하라
이는 이로 말미암아 너희로 구원에 이르도록 자라게 하려 함이라
(베드로전서 2:2)

중심을 보시는 전지하신 하나님,
사랑하는 OO이가 외적인 화려한 조건들만 내세
우다 책망을 받지 않도록 속사람을 가꿔가기를
원하옵니다. 이 불안한 세상에 소망을 두고 살다
가 거짓 진리에 미혹되지 않도록 OO이를 붙잡
아 주옵소서. 세상에 굴복하지 않고 하나님의 진
리로 승리할 수 있도록 도와주시옵소서.
주님! 이 세상의 가치관이 점점 혼란스러워지고

악해지고 있습니다. 잘 분별할 수 있는 지혜를 허락하시고 특별히 ○○이가 세상에 대한 미련을 온전히 버릴 수 있게 하옵시고 하나님의 절대 주권과 사랑을 믿고 환난의 날을 감해 주시도록 기도할 수 있게 하옵소서.

주께서 우리 피난처이시며, 산성이시고 안전한 요새가 되어 주심을 항상 기억하고 그의 영적 갈급함을 더하셔서 이 마지막 때에 말씀으로 성령으로 충만하게 하여 주시옵소서. 거룩하신 예수님 이름으로 기도합니다. 아멘.

힘과 용기를 주는 축복기도

그 영광의 힘을 좇아 모든 능력으로 능하게 하시며
기쁨으로 모든 견딤과 오래 참음에 이르게 하시고
(골로새서 1:11)

역사의 주가 되시는 하나님 아버지,
우리 OO이의 믿음이 확실한 진리의 지식 위에
세워지기를 원합니다. 하나님 앞에서 의롭고 경
건하게 하나님을 기쁘시게 하는 삶을 살 수 있도
록 도와주옵소서.
사람의 지식이나 과학으로 증명될 수 없는 말씀
일지라도 성경에 기록된 모든 내용은 살아 계신
하나님의 말씀으로서 반드시 성취되고야 만다는

것을 꼭 믿게 하옵소서.

힘과 용기를 주시는 하나님, 우리 아이들이 공부하다가 힘이 들고 지칠 때, 꿈과 비전을 이루어 가다 나약해지고 연약해질 때 하나님께서 힘과 용기를 주시기 원합니다.

낙심을 이길 수 있도록 만져 주시고 믿음에 우뚝 설 수 있도록 인도하여 주옵소서.

이 악한 세대에 하나님 앞에 인정받는 삶을 살 수 있도록 붙잡아 주시고 은혜에 감격하여 능히 세상을 헤쳐 나가게 도와주옵소서. 우리 주 예수 그리스도 이름으로 기도합니다. 아멘.

하나님의
능력을 체험하는 자녀

하나님의 나라는 말에 있지 아니하고 오직 능력에 있음이라

(고린도전서 4:20)

능력의 주님,

하나님의 임재와 정결케 하시는 역사를 인하여
감사드립니다. 사랑하는 OO이가 하나님의 능력
안에서 살기를 원합니다.

성령의 적극적이며 계속적인 인도 아래서 마음
과 행동이 변화되고 연약하고 무딘 성격이 강하
고 담대해질 수 있도록 도와주시옵소서.

세미한 주님의 음성을 들을 줄 알게 하시고 많은

주님의 제자들을 통해 나타난 하나님의 능력을
체험케 하옵소서.

악하고 패역한 세대를 살아가고 있습니다. 하나
님의 능력이 아니고는 능히 이겨낼 수 없음을 고
백하오니 주여, 우리 OO이가 날마다 하나님의
능력을 구하게 하옵소서.

회개하게 하시고 찬양하게 하시고 감사하게 하
옵소서.

술 취하지 않고 성령의 충만함을 받을 수 있도록
도우시고 바다 끝에서라도 이끄시는 주를 기억
하게 하옵소서. 죽음을 이기신 예수님 이름으로
기도합니다. 아멘.

주님
아들을 지켜 주옵소서
잠들 때나 깨어 일어날 때
차를 탈 때나 신호등 앞을 지날 때
공부할 때나 뛰어놀 때
친구들과 함께일 때나
홀로 있을 때
주님
버려두지 마시고
두 손으로 품어 주옵소서

주님의 참사랑을
깊이 깨닫고
그 사랑을
혼자만 지닐 것이 아니라
누구에게나 전할 수 있는
참으로
주님 마음에 꼭 드는
귀한 그릇이 되게 하소서

박인희
아들을 위한 기도 중

4부
새로운 달을 여는 기도

1월의 기도

주여, 새날이 밝았습니다.

1월에는 창의적인 삶을 주옵소서. 샘물처럼 넘치는 창의성을 주옵소서.

공부할 때 뛰어난 관찰력과 바른 판단을 허락하시고 새로운 상상력을 발휘할 수 있는 지혜를 주옵소서.

세상을 아름답게 창조하신 하나님의 솜씨로 토기장이의 손에서 빚어지는 아름다운 그릇처럼 주님의 손길을 갈구하는 자녀가 되게 하옵소서.
"그에게 축복하여 가로되…만민이 너를 섬기고
열국이 네게 굴복하리니 네가 형제들의 주가 되
고 네 어미의 아들들이 네게 굴복하며 네게 저주
하는 자는 저주를 받고 네게 축복하는 자는 복을
받기를 원하노라".
저도 사랑하는 자녀를 위해 야곱의 기도를 합니
다. 주여, 야곱의 복이 저희 자녀에게 임하게 하
옵소서.
새해에는 주님의 영이 충만하게 하옵소서. 예수
그리스도의 이름으로 기도드립니다. 아멘.

2월의 기도

거룩하신 주여,

여호와께서 OO에게 복을 주시고 그를 지키시고
은혜를 베푸시며 평강 주시기를 원합니다.

주여! OO가 항상 여호와와 그 능력을 구하게 하
시고, 그 얼굴을 구하게 하옵시고 보좌에 영광으
로 채워주시되 영으로 채워주옵소서.

여호와의 신 곧 지혜와 총명의 신이요 모략과 재
능의 신이요 지식과 여호와를 경외하는 신이

○○ 위에 임재하사 그가 여호와를 경외함으로 즐거움을 삼게 하시고 여호와를 경외함으로 주시는 지혜와 총명을 얻어 그 우편 손에는 장수가 있고 그 좌편 손에는 부귀가 있게 하옵시고 그 길은 즐거운 길이요 그 첩경은 다 평강으로 충만케 하옵소서.

세계선교비전을 품고 민족과 열방의 성벽 위에 서 있는 파수꾼이 되어 모세와 사무엘처럼 하나님의 대사로서 사역을 감당하는 사역자가 되기를 간절히 바라며 예수님의 이름으로 기도합니다. 아멘.

3월의 기도

창조주 하나님,

만물이 소생하는 봄입니다. 이 3월에는 새 학기가 시작됩니다.

사랑하는 주님, 새 학기 들어 우리 자녀들이 무엇보다 봄의 새로운 힘을 갖게 하소서.

살아 계셔서 우리와 함께하시고 지금도 역사하시는 주님, OO이의 속에 있는 모든 질병은 떠나가고, 모든 신체가 강건하여 하나님의 창조질서

대로 회복될 수 있도록 도와주옵소서.

혈관에는 깨끗한 피가 흐르고 뼈와 근육과 신경과 세포조직들은 강건하여지고 모든 호르몬은 정상적으로 분비되기를 원합니다.

모든 세포가 새롭게 생성되고 이해력과 집중력과 기억력은 증가될 수 있도록 주께서 도와주옵소서.

성령께서 OO이의 주인이 되셔서 지혜와 총명으로 충만하게 하옵소서. 예수 그리스도의 이름으로 기도합니다. 아멘.

4월의 기도

너희 염려를 다 주께 맡기라 이는 그가 너희를 돌보심이라

(베드로전서 5:7)

죄와 사망을 이기신 주님,
그리스도께서 흘린 보혈은 OO이에게 생명을 얻게 하며 그리스도의 보좌 앞에 담대히 나아가 주님과 깊은 사귐이 있게 하는 의의 능력이 됨을 믿습니다.
보혈은 OO이를 계속해서 정결케 할 뿐 아니라 OO이가 지은 죄를 고백할 때마다 깨끗게 하고 죄에서 자유를 얻게 하며 영혼과 육신을 깨끗게

하는 능력이 됨을 선포합니다.

세상의 어떤 유혹이나 거짓 학문이 우리 OO이를 그릇되게 하지 않도록 보호하여 주시기를 원합니다. OO이는 땅을 다스리고 정복하는 자로 부름 받았음을 선포합니다.

주님, 하나님의 뜻대로 놀랍게 계획되고 자라가는 OO이를 축복합니다. 날마다 만나는 사람들과 듣고 보았던 세상의 초등학문을 그리스도의 보혈로 다스리고 분별할 수 있기를 바랍니다.

생각과 감정을 지켜주옵소서. 부활하신 예수님의 이름으로 기도합니다. 아멘.

5월의 기도

볼지어다 내가 세상 끝날까지 너희와 항상 함께 있으리라 하시니라
(마태복음 28:20)

사랑이 많으신 하나님,
우리 아이들을 건강하게 자라게 하여 주소서. 찢긴 상처가 있다면 주여, 그의 마음을 위로하사 하나님을 더 깊이 만날 수 있게 하여 주소서.
또한 하나님, 우리 아이들을 지혜롭게 하여 주소서. 세상의 지식이 많아지기보다 하나님에 대한 지식이 넓고 깊어지기를 원합니다.
지식의 근본을 깨닫게 하여 주소서. 똑똑하게 살

기보다 지혜롭게 살게 하여 주옵소서. 말씀과 기도로 영적인 성장을 하게 하시고 하나님께 모든 것을 맡기며 나가게 하소서.

우리 자녀들이 영적으로 더욱더 성숙하여 성령의 인도하심으로 살아가게 하소서. 젊은 날에 젊은이답게 살아가게 하시고 젊은 날에 창조주 여호와 하나님을 온전히 믿게 하소서.

인생의 목마름 때문에 괴로워하던 수가성의 여인이 예수님을 만나듯 주를 마음으로 믿어 삶의 기쁨과 자유를 얻게 하소서. 우리 주 예수 그리스도 이름으로 기도합니다. 아멘.

6월의 기도

너는 마음을 다하고 뜻을 다하고 힘을 다하여
네 하나님 여호와를 사랑하라
(신명기 6:5)

길을 여시는 하나님,

아이들이 살아가는 길이 평탄하게 하소서 "이
율법 책을 네 입에서 떠나지 말게 하며 주야로
그것을 묵상하여 그 가운데 기록한 대로 다 지켜
행하라 그리하면 네 길이 평탄하게 될 것이라 네
가 형통하리라".

주여, 이 말씀을 가슴에 새기고 지킬 수 있도록
도와주옵소서. 주야로 주님의 말씀을 묵상하게

하시고 하나님의 섭리가 삶 속에서 일어남을 확신하며 체험하게 하소서.

하나님과 동행함으로 꿈과 비전을 이루어 가게 하시고 강한 인내심을 주셔서 새로운 희망과 믿음으로 하나님의 뜻을 온전히 이루어 가게 하소서. 우리 아이들이 영적으로 건강하게 자라게 하여 주소서. 자기 죄를 진실로 회개하게 하셔서 용서받고 정결하게 하여 주옵소서.

하나님의 법은 사랑 안에서 존재한다는 것을 깨닫게 하셔서 하나님이 바라시는 회개와 고백을 속히 하게 도와주옵소서. 우리를 사랑하신 예수님 이름으로 기도합니다. 아멘.

7월의 기도

"하나님이여 내 속에 정한 마음을 창조하시고 내 안에 정직한 영을 새롭게 하소서 나를 주 앞에서 쫓아내지 마시며 주의 성신을 내게서 거두지 마소서 주의 구원의 즐거움을 내게 회복시키시고 자원하는 심령을 주사 나를 붙드소서". 숨어 있는 죄악들을 빛으로 드러나게 하사 고백하게 하시고 회개하게 하시며, 용서받게 하여 주옵소서.

하나님은 "허물의 사함을 얻고 그 죄의 가리움을 받은 자는 복이 있도다"고 하셨습니다. 우리 아이가 자기 안에 죄악을 품지 않게 하시고, 자기 죄를 완전히 고백하려는 마음을 주옵소서.

그리고 "내게 무슨 악한 행위가 있나 보시고 나를 영원한 길로 인도하소서"하고 말하게 하여 주옵소서.

이 아이가 죄책감과 정죄 속에 살아가지 않게 하옵시고, 자신이 그리스도 안에서 용서받았음을 온전히 이해하는 가운데 깨끗한 양심으로 살아가게 하옵소서. 예수님의 이름으로 기도드립니다. 아멘.

8월의 기도

하나님이 능히 모든 은혜를 너희에게 넘치게 하시나니

(고린도후서 9:8)

공의로우신 주님,

우리에게 건전한 마음을 약속해 주시니 참으로 감사합니다. 8월에는 우리 OO에게 그 약속을 시행해 주옵소서. OO의 마음이 투명하고 깨어 있으며, 총명하고 똑똑하며, 안정되어 있고 평화로우며, 단정하게 되기를 기도합니다.

마음속에는 혼란이나 우둔함, 불균형이나 어지러움, 정돈되지 않은 생각이나 부정적인 생각이 없기를 기도합니다.

그에게 생각의 명료함과 분명한 결정을 할 수 있는 능력을 주옵시고 자기가 알아야 할 모든 것을 이해할 수 있는 능력을 주옵소서. 또 자기가 꼭 해야 할 일에 집중할 수 있는 힘을 주시옵소서. 기도하옵기는, 하나님이 얼마나 ○○이를 사랑하고 ○○이를 향해 품으신 그 뜻이 기적으로 가득한 놀라운 것임을 깨닫도록, 그 기적을 몸소 체험하도록 도와주옵소서.

언제 어디서나 그 마음이 기쁨으로 가득한 가운데 주님의 은혜만을 바라보게 하소서. 예수님의 이름으로 기도합니다. 아멘.

9월의 기도

믿음으로 말미암아 그리스도께서 너희 마음에 계시게 하시옵고
(에베소서 3:17)

주님 감사합니다.

새학기가 시작되어 다시 자녀를 학교에 보냅니다. 저는 자녀를 지킬 수 없으나 주님이 지켜 주실 줄 믿습니다.

주님의 보혈의 피가 머리에서부터 온 육체와 마음에 뿌려지게 하시고, 예수의 피로 악한 마음이 생겨나지 않게 하시고 어떤 일을 만나도 분노하거나 흥분하지 않게 하시며, 더러운 생각이 사라

지게 하시고, 온종일 마음이 부드럽고 평안하게
하옵소서. 선생님이 전하는 말들이 이 자녀의 마
음에 새겨지고 기억되게 하시고, 지혜와 명철을
허락하사 많은 것을 깨닫게 도와주옵소서.

어떠한 질병도 생겨나지 않게 하시며, 나쁜 균이
육체를 해하지 못하도록 지켜주옵소서. 한 날의
기쁨이 충만하게 하시고, 범사에 감사하는 자가
되게 하옵소서. 주님께서 온종일 이 자녀를 지키
심을 감사드리옵고, 예수님의 이름으로 기도드
립니다. 아멘.

10월의 기도

육신을 따르는 자는 육신의 일을, 영을 따르는 자는 영의 일을 생각하나니

(로마서 8:5)

은혜가 풍성하신 하나님,
10월입니다. 만물이 결실하는 계절을 주심을 감사합니다. 지난 한 달도 우리 OO이를 지켜주시고, 보혈의 피가 가슴에 흐르게 하시니 감사합니다. 새로 시작하는 한 달을 위해 주님의 은총을 구합니다.
주의 은혜가 OO이의 머리 위에 임하게 하시고 하나님의 비밀을 알게 하여 주옵소서.

육체도 건강하게 하시고 온전한 주님의 자녀가 되도록 마음과 생각도 지켜 주옵소서.

유혹에 넘어가지 않기 위해 친히 깨어 기도하셨던 예수님처럼 언제나 기도하는 ○○이가 되게 하시고 세상의 유혹에 넘어가지 않고 이 시대를 하나님의 가치관으로 살아가는 진정한 그리스도인 리더가 되게 하소서.

주 예수님 이름으로 축복하며 기도드립니다.

아멘!

11월의 기도

네가 죽도록 충성하라 그리하면 내가 생명의 관을 네게 주리라

(요한계시록 2:10)

거룩하신 하나님!

이 세상 풍조에 휩쓸리지 않는 자녀 되게 하소서. 순결한 몸과 마음을 지닌 하나님의 백성으로 거룩한 삶을 살아가게 하소서.

자녀가 겪는 고난을 믿음의 눈으로 볼 수 있는 부모가 되게 하소서. 고난을 통해 죄를 깨닫고 말씀에 순종하는 삶으로 돌아오게 하소서.

고난을 통해 자녀를 단련하셔서 정금 같이 정결

한 하나님의 사람이 되게 하소서. 영원한 하나님의 말씀이 자녀 교육의 교과서가 되게 하소서. 말씀을 통해 삶의 길을 발견하며 매순간에 삶의 지침을 받는 자녀가 되게 하소서.

세상을 흥왕케 하는 말씀의 사람으로 자라게 하소서. 하나님께서 주신 소명을 발견할 수 있는 지혜로운 자녀가 되게 하소서.

먼저 그의 나라와 의를 구하면 이 모든 것을 더해 주시리가 약속하신 주님 부모의 욕심으로 자녀가 성공하길 원했던 이기적인 마음을 용서하여 주소서. 공부해서 남주고 주를 위해 헌신하는 자녀로 자라게 하소서. 주 예수님의 이름으로 기도드립니다. 아멘.

12월의 기도

긍휼을 베푸시는 주님!

어느덧 한 해가 저무는 12월입니다. 지난 한 해
동안 우리 자녀를 지켜 주심을 감사드립니다. 연
약한 자를 강하게 사용하신 주께서 OO이를 주
의 강한 용사로 사용하여 주옵소서.

주님은 결코 포기하지 않으심을 기억하고 오늘
도 소망 가운데 살기를 원합니다. 자녀를 향한
저의 욕심으로 충고와 교훈을 일삼지 않게 하소

서. 하나님의 형상이 망가지지 않도록 격려하고 인정하는 부모가 되게 하소서. 하나님 때문에 언제나 기뻐하고 행복할 줄 아는 긍정적인 사람으로 자라게 하소서.

사랑의 하나님 아버지! 자녀 양육의 책임은 무엇보다 부모에게 있음을 잊지 않게 하시고 주의 교양과 훈계로 자녀를 양육할 수 있도록 말씀의 지혜를 주소서.

세상의 기준에 따라 자녀가 자라가고 성공하기를 기대했던 저의 무지를 용서하여 주시고 이제는 저희 자녀들이 하나님의 말씀으로 자라가고 형통하게 하소서. 예수님의 이름으로 기도드립니다. 아멘.